WAS NOCH NICHT DA IST, DAS IST KEINE KUNST.

Hans Magnus Enzensberger

Worte des Dankes:

AF272450

Wir danken unseren Eltern, dass sie uns die Windeln gewechselt und uns (temPOrär) von der Scheiße befreit haben. Wir danken allen potenziell Verblendeten, die sich sowieso jede Scheiße durchlesen und diese dann auch glauben. Wir danken für eine visuell echt schmerzende Medienkampagne. Wir danken natürlich auch dem Art Director, der die ursprüngliche Kampagne verbrochen hat, ohne die es dieses Buch überhaupt nicht geben würde.

Wir bedanken uns aufrichtig und ehrlich bei allen Freunden und Bekannten, die uns immer gesagt haben: „Jungs, habt ihr denn immer nur Scheiße im Kopf ...?" Wir versprechen: Das ändert sich nie.

Dieses Buch ist für euch. Für die Welt. Für Notsituationen. Für ein besseres Leben. Und für uns.

Kraft durch Scheiße – Hier ist sie!

Herzlichst,

Tazl und Feierfeil

www.kraftzumscheissen.de

Dieses Scheißbuch ist als Schulbuch in Bayern nicht zugelassen!

© *Martin Tazl und Olaf A. Feierfeil*
Neukirchen-Vluyn und Bochum 2002.

Erstausgabe. Printed in Germany.
Alle Rechte vorbehalten, insbesondere das der
Übersetzung, des öffentlichen Vortrages und
der Rundfunksendung, auch einzelner Teile.

Herstellung: Books on Demand GmbH
ISBN 3-8311-3641-6
Fotos: © Thomas Brandt (www.brandtbilder.de)
Tazl-Portraitfoto auf Seite 56: © Nora Flögerhöfer (www.nora-f.de)

SIEGMUND CHRISTIAN HEISSE

KRAFT
ZUM SCHEISSEN

DAS BUCH ZUR SCHEISSINITIATIVE VON
MARTIN TAZL (www.tazl-inside.com)
UND OLAF A. FEIERFEIL (www.feierfeil.com).

tazl ▸▸ inside.com & **FEIERFEIL.**

Liebe Leserin, lieber Leser,

dieses Buch will Ihnen helfen, sich von der wesentlichsten aller drückenden Lasten des beschwerlichen täglichen Lebens zu befreien – der Scheiße.

Nein, es geht nicht darum, keine Scheiße mehr zu machen und quasi der Bulimie und Essstörung ein hohes Lied zu singen.

Es will Ihnen vielmehr Mut machen zu dem Bekenntnis:

„Ja, ich mache Scheiße. Und das ist gut so!"

Und es will Ihnen zeigen, wie Sie diese Scheiße wieder loswerden können. Damit sich auch für Sie ein neuer Weg öffnet, zur glückseligen Produktion neuer Scheiße. Mehr noch: Erfahren Sie, wie der Blick auf den Haufen in der Kloschüssel erleichtern kann. Entdecken Sie die Weisheit und die Kraft, die Sie aus diesem dampfenden, warmen, weichen Haufen empfangen können.

So betrachtet hätte dieses Buch auch „KRAFT DURCH SCHEISSEN" heißen können. Ich wollte jedoch nicht zufällig von dem einen oder anderen in den falschen historischen und geistigen Kontext ge-spült werden. Und im Inhaltlichen verhält es sich ohnehin so, dass Sie die Kraft zum Scheißen durch das Scheißen und umgekehrt erfahren.

Einen guten Abgang wünscht Ihnen
Siegmund Christian Heisse

Wie Ihnen dieses Buch den größten Nutzen bringt:

Benutzen Sie dieses Buch Blatt für Blatt, chronologisch oder ganz selektiv, und entdecken Sie täglich die zutiefst befreiende Wirkung des Scheißens aufs Neue.

„Als Lesezeichen benutze ich meistens Klopapier. Alles dahin, wohin es gehört." Diesen Satz sagt kein Geringerer als Feierfeil. Folgen Sie seinem Beispiel. Benutzen Sie als Lesezeichen für dieses Buch Klopapier, sofern Sie seinen Inhalt nicht während einer Sitzung in vollem Umfang aufnehmen können.

Wie nun können Sie am produktivsten mit diesem Buch umgehen?
Wie nun können Sie für Ihr Leben am meisten daraus schöpfen?
Ganz einfach: Lesen Sie es einmal von vorne bis – richtig – hinten.
Dann lernen Sie die Überschriften der Kapitel auswendig.
Sie sind die Mantras der Scheißheit.

Diese Mantras (Kapitel-Überschriften) sollten Sie nun zweimal am Tag auswendig, laut und deutlich wiederholen – am besten vor einem Spiegel, während Sie sich selbst in die Augen sehen. Dann werden Sie im tiefsten Innern erkennen: Scheiße ist die Kunst des Lebens.
Denn „was noch nicht da ist, das ist keine Kunst".
Möge die Übung gelingen.

DIE
12 MANTRAS
DES
SCHEISSENS

1. JA, ICH MACHE SCHEISSE. UND DAS IST GUT SO.

2. ICH BLICKE GERN ZURÜCK, UND ICH ERKENNE, DASS ALLES IN DER WELT SICH WANDELT.

3. MEINE SCHEISSE LEHRT MICH DEMUT. DENN DAS GESCHÖPF IST GRÖSSER ALS DER SCHÖPFER.

4. SCHEISSE IST POSITIV. ICH KANN SCHEISSE WIEDER IN DEN MUND NEHMEN.

5. ICH BEKENNE MICH ZUR FEIGHEIT UND WEIGERE MICH, MEINEN ARSCH ZUSAMMENZUKNEIFEN.

6. SCHEISSEN IST KATHARSIS. DIESE KATHARSIS REINIGT MICH UND BRINGT MIR INNEREN FRIEDEN.

7. ICH DRÜCKE RAUS, WAS MICH BEDRÜCKT.

8. DIE EXPLOSIVE KRAFT DES SCHEISSENS HAT MICH BEFREIT.

9. SCHEISSEN HAT MICH LOSLASSEN GELEHRT. IN MIR WOHNT EIN GESUNDER GEIST.

10. ICH BIN, WAS ICH SCHEISSE.

11. ICH BIN EIN GUTER GESCHÄFTSMANN (-FRAU): ICH MACHE TÄGLICH MEIN GESCHÄFT.

12. IM STILLEN ÖRTCHEN LIEGT DIE KRAFT.

1 JA, ICH MAC

HE SCHEISSE.
UND DAS IST GUT SO.

1. JA, ICH MACHE SCHEISSE. UND DAS IST GUT SO.

Sie haben schöpferische Kräfte in Ihrem Innern. Sie sind ein Schöpfer. Sie schaffen Neues aus Altem. Stunde für Stunde, Tag für Tag, Jahr für Jahr. Dieser tiefen inneren Kraft müssen Sie sich bewusst werden.

„Der Mensch ist die Krone der Schöpfung: Er vermag alles. Er kann aus einem Paradiesapfel Scheiße machen." Das sagt kein Geringerer als Bert Brecht – einer der schaffenskräftigsten Menschen unseres Jahrhunderts. Er hat es uns allen vorgemacht. Machen Sie es ihm nach. Erschaffen Sie, wandeln Sie das Alte in Neues – entdecken Sie, was in Ihnen steckt, und setzen Sie es frei.

Warum sonst wird dem Altkanzler Helmut Kohl der Spruch zugeschrieben „Wichtig ist, was hinten rauskommt"?

Die Scheiße, das Ergebnis Ihres Schaffens, ist der sichtbare Beweis für die nie ruhende Tatkraft und das unaufhörliche Handeln, das Sie bereit sind, dieser Welt zu geben.

Ja, ich mache Scheiße.

In diesem Satz zeigt sich die ganze produktive Kraft Ihres In-der-Welt-Seins. Und das ist gut so. Die Scheiße, die Sie produzieren, ist der Beweis Ihres Lebens.

Keiner übrigens kann das besser beurteilen als der Künstler. Der Künstler nämlich ist der bewusstere Scheißer. Und wer bewusster scheißt, wird zum Künstler.

Ja, sagen Sie es ruhig: *Ich scheiße, also bin ich.*

2

ICH BLICKE GERN ZURÜCK, UND ICH ERKENNE, DASS ALLES IN DER WELT SICH WANDELT.

2. ICH BLICKE GERN ZURÜCK, UND ICH ERKENNE, DASS ALLES IN DER WELT SICH WANDELT.

Da gibt es die einen unter uns, die in der Vergangenheit leben. Ständig blicken sie zurück. „Früher war alles besser", hört man von ihnen. Und da gibt es die anderen, die nur in ihren Träumen von einer besseren Zukunft leben. „Morgen wird alles besser", hört man von diesen.

Und beiden fehlt die Kraft, die Gegenwart zu genießen, sie zu beeinflussen, gestalterisch in ihr zu wirken. Warum? Die Antwort mag Ihnen so einfach wie wahr erscheinen: Sie haben die Gegenwärtigkeit der Scheiße nicht erkannt.

Scheißen Sie, sehen Sie sich um, wagen Sie den Blick zurück. Und Sie werden nicht in der Vergangenheit verharren. Denn was Sie sehen, ist Ihre Scheiße. Was Sie spüren, ist die Leichtigkeit in Ihrem Darm.

Was Sie fühlen, ist die Lust auf etwas Appetitliches. Fällt es Ihnen jetzt wie Schuppen von den Augen und wie eine Wurst vom Hintern?

Ja, es ist so:

Im Blick zurück, auf das Produkt des vergangenen Aktes des Scheißens, werden Sie gleichzeitig in die nähere Zukunft des Essenaufnehmens geworfen. Sie können weder in Vergangenheit noch in der Zukunft verharren – denn was Sie sich mit dem Blick auf Ihre Scheiße vergegenwärtigen, umschließt beides.

Und auch der Kreis schließt sich. Denn genau hier kommen Sie zur tiefen Erkenntnis des ewigen Wandels. Ja, und aus Ihrem Fleisch tritt das Scheiße gewordene Symbol dieses ewigen Wandels. Sie sind ein Teil davon. Sie stehen in der Ewigkeit. Und was ist Ewigkeit anderes als die Verbindung zwischen gestern und morgen, zwischen Vergangenheit und Zukunft! Wie also sollten Sie im Angesicht Ihrer Scheiße weiter im Gestern oder im Morgen leben? Nein, der Blick zurück auf Ihre Scheiße lässt Sie ganz und gar zu einem Menschen werden, der in der Gegenwart lebt und in ihr kraftvoll wirken kann. Und Sie erkennen: Es ist nicht die Welt, die sich wandelt – Sie wandeln die Welt. Sie sind der Wandler. Sie sind der Schöpfer, der aus Altem Neues macht. Sie machen. Und alles wird gut.

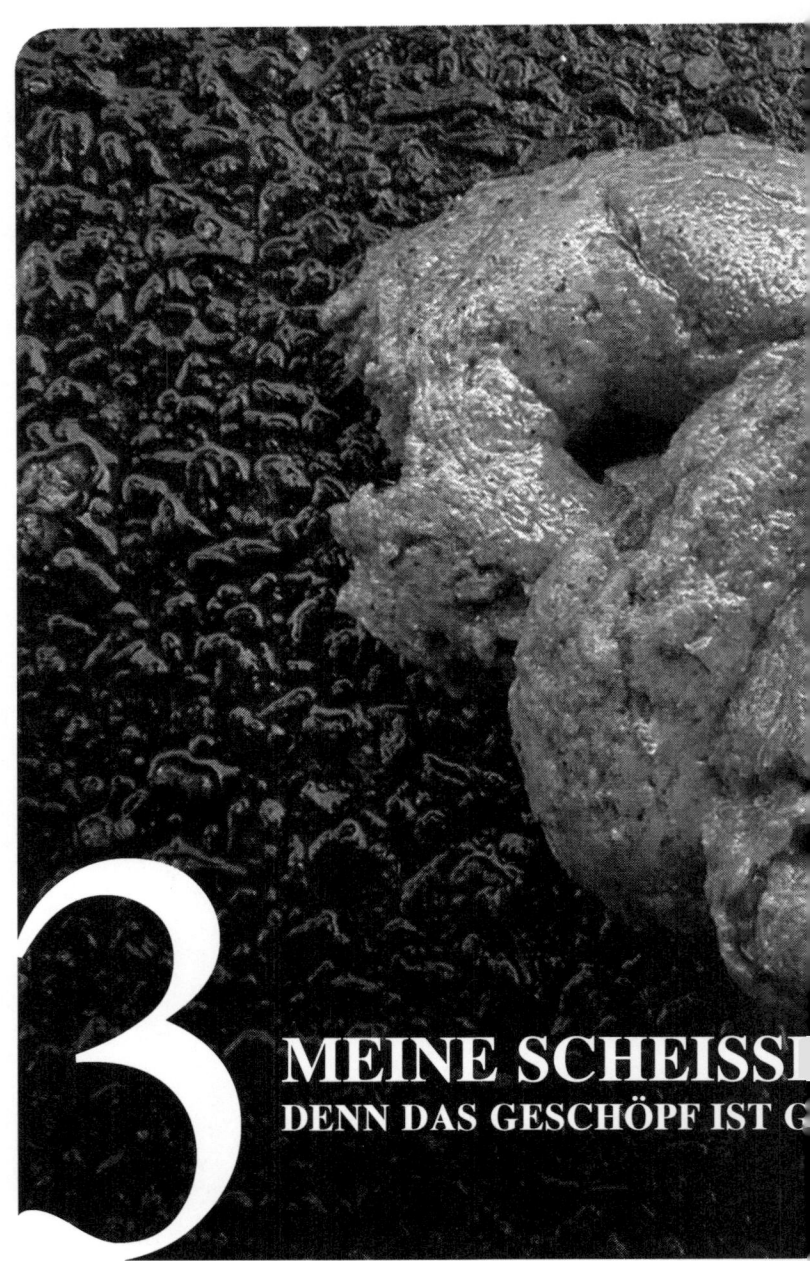

3

MEINE SCHEISS
DENN DAS GESCHÖPF IST G

LEHRT MICH DEMUT.
SSER ALS DER SCHÖPFER.

3. MEINE SCHEISSE LEHRT MICH DEMUT. DENN DAS GESCHÖPF IST GRÖSSER ALS DER SCHÖPFER.

„Du bist einfach ein Haufen Scheiße ... und genauso stirbst du dann auch." Das sagt Klaus Kinski. Ich aber sage Ihnen: Niemand muss als Haufen Scheiße sterben. Niemand, der zur rechten Zeit Demut lernt von seinem eigenen Werk.

Rechnen Sie mit mir: Wenn Sie pro Tag nur 200 Gramm Scheiße produzieren, sind das pro Jahr 73 Kilo, in zehn Jahren 730 Kilo, in 50 Jahren 3.650 Kilo, in 75 Jahren sogar 5.475 Kilo oder fast 5 1/2 Tonnen.

Schließen Sie für einen Moment die Augen und vergegenwärtigen Sie sich 5 1/2 Tonnen Scheiße auf einem Haufen. Ja, das lehrt Demut.

Denn dieser Haufen ist um viele Male größer und mächtiger als Sie selbst. Denn ganz gleich, ob Sie ein reicher Unternehmer oder ein bildschönes Fotomodell sind, im Angesicht dieses Haufens Scheiße stehen Sie blass und unscheinbar da.

Noch tiefer wird diese Erkenntnis, wenn Sie sich vor Augen führen, was aus Ihrem Geschöpf wird: der Arbeitgeber für Tausende von Kläranlagen-Angestellten, der Dünger für das Wachstum von Flora und Fauna und vieles mehr.

Im Angesicht dieser Kinder Ihres Produktes muss Sie tiefe Demut ergreifen. Denn Sie bleiben eben doch nur ein kleiner Scheißer, ein Scheißkorn im Universum, das Sie erschaffen haben und das Sie jederzeit erdrücken und ersticken kann.

Mehr noch: Im Angesicht Ihrer Scheiße wird Ihnen auch Ihre eigene Vergänglichkeit gegenwärtig. Und nichts macht demütiger als die endlose Zeit, die Sie nicht mehr erleben werden. Wer könnte das poetischer und treffender ausdrücken als Harald Schmidt: „Nicht der Mensch bleibt, sondern seine Scheiße!"

4

SCHEISSE IST POSITIV.

ICH KANN SCHEISSE WIEDER IN DEN MUND NEHMEN.

4. SCHEISSE IST POSITIV. ICH KANN SCHEISSE WIEDER IN DEN MUND NEHMEN.

Sehen Sie? Was Kinski als Schimpfwort in den Mund genommen hat, können Sie als Lobgesang in den Mund nehmen. Denn die demütige Erkenntnis, dass Ihre eigene Scheiße größer ist als Sie selbst, lehrt automatisch auch Folgendes:

Alle Scheiße in der Welt ist größer als Sie selbst. Mehr noch: Nahezu alles in der Welt ist aus Scheiße entstanden. Keine Pflanze ohne Scheiße, kein Vegetarier ohne Pflanze aus Scheiße, kein Fleisch fressendes Wesen ohne Tier, das über die Nahrungskette nicht irgendwo Pflanzen aus Scheiße zu seinem Fortbestehen benötigt.

Loben Sie also die Scheiße, so loben Sie die lebende Welt. Wer könnte da das Wort Scheiße noch als missachtendes Wort, als Fluch oder sogar als Beleidigung begreifen? Nein, nur die Uneingeweihten, die scheiß Unkundigen werden sich nicht entblöden, das höchste Gut zu missbrauchen, welches die menschliche Sprache je hervorgebracht hat: das Wort Scheiße.

Ja selbst der Satz „Ich habe Scheiße gebaut" erschließt sich uns völlig neu und versieht die noch feuchte Brut unseres Körpers mit einem göttlichen Aroma. Denn Bauen ist ein echter Akt des Schaffens.

Etwas durch und durch Positives. Pisse kann man nicht bauen, auch Schweiß nicht und schon gar nicht Tränen. Bauen ist schwer. Scheiße bauen die hohe Kunst des Lebens.

Schließlich gehört zum Bauen immer auch Architektur. Das heißt, dass Sie – unerkannt tief in Ihrem Innern – auch als Architekt wirken. Denn kein großes Bauwerk ohne gute Architektur. Und jetzt blicken Sie auf Ihren Haufen Scheiße. Seine statischen Eigenschaften sind selbst von denen der Sixtinischen Kapelle nicht zu übertreffen.

Ja, Sie sind eben nicht nur Baumeister Ihrer Scheiße. Sie sind auch Architekt und Statiker diese, Ihrer Scheiße.

Ja, Sie können Scheiße wieder in den Mund nehmen und damit fortan gleichzeitig Ihre schöpferische Kraft loben.

5 ICH BEKENNE MICH ZUR FEIGHEIT UND WEIGERE MICH, MEINEN ARSCH ZUSAMMENZUKNEIFEN.

5. ICH BEKENNE MICH ZUR FEIGHEIT UND WEIGERE MICH, MEINEN ARSCH ZUSAMMENZUKNEIFEN.

„Da musst du deinen Arsch zusammenkneifen." Dieser Satz ist aus den Niederungen des Militarismus, des Machotums entstanden. In keinster Weise wird er der warmen, weichen, friedvollen Masse gerecht, die wir Scheiße nennen. Der Akt des Arschzusammenkneifens verhindert das Hervorquellen der friedlichen Substanz. Mit anderen Worten: Wer seinen Arsch zusammenkneift macht keine Scheiße. Wer keine Scheiße macht, erlebt Macht. Wer zu lange Macht ausübt, leidet unter Verstopfung. Diese Verstopfung schmerzt am ganzen Leib. Dieser Schmerz drückt sich in die Seele, fügt ihr Qualen zu, verändert sie auf Dauer zum Negativen. Aus dem Mund tritt nur noch Hass. Nein, das ist nicht das, was wir wollen können. Wir wollen Frieden.

Loben Sie den Frieden mit diesem Satz: Ich bekenne mich zur Feigheit und weigere mich, meinen Arsch zusammenzukneifen. Ich will und werde scheißen, wann immer es notwendig ist.

Es sei nicht verleugnet, liebe Leserin, lieber Leser: Sich zu seiner Feigheit zu bekennen ist nicht leicht. Das Produzieren von Scheiße und das Abgeben dieses ureigensten Produktes ist schwer. Lassen Sie sich trösten: Viele haben sich verpisst, noch keiner hat sich verschissen. Liegt das daran, dass Pissen die leichte Flucht, Scheißen aber das schwere Bleiben signalisiert?

Ich sage Ihnen: Zu scheißen heißt, in der Welt zu bleiben und ihr täglich ein Geschenk zu machen, als Symbol für die Friedfertigkeit, die in Ihnen wohnt.

In diesem Geiste sollen Sie dieses Mantra sprechen.

6

SCHEISSEN IST KATHARSIS.
DIESE KATHARSIS REINIGT MICH
UND BRINGT MIR
INNEREN FRIEDEN.

6. SCHEISSEN IST KATHARSIS. DIESE KATHARSIS REINIGT MICH UND BRINGT MIR INNEREN FRIEDEN.

Mehr noch als im letzten Kapitel beschrieben, gilt: Wer das Produzieren von Scheiße genießt, erlebt in bestem Sinne eine Katharsis – eine innere Reinigung. Dies ist sowohl wörtlich als auch im übertragenen Sinne psychohygienisch gemeint. Nicht zu Unrecht nennen Pädagogen und Psychologen die Phase, in der wir Menschen lernen, unseren Schließmuskel zu gebrauchen, die anale Phase. In ihr so sagen uns diese Wissenschaftler, lernt der Mensch, Macht auszuüben – über sich und über andere. Das Kind in dieser Phase lernt, nicht mehr in die Windeln zu scheißen. Es erfährt Macht über sich, die alsbald auch im Machtkampf mit den Eltern ihren Ausdruck findet.

Wenn Sie nun, geneigte Leserin, geneigter Leser, sich diese Worte ganz und gar verinnerlichen, werden Sie erkennen: Verantwortungsvolles Scheißen heißt, verantwortungsvoll mit seiner Macht umzugehen. Wer verantwortungsvoll mit seiner Macht umgeht, wird sich selber nicht bescheißen – und wer von uns hat das in der Vergangenheit nicht schon des Öfteren getan?

Wer aber diese überaus schwierige Herausforderung meistert und sich selber nicht mehr bescheißt, ist auch in der Lage, andere nicht mehr zu bescheißen. Der Frieden im Innern wird zum Frieden nach außen. Und wer andere nicht bescheißt, wird auch viel weniger von ebendiesen beschissen.

Sie sehen: So leicht ist es, Frieden zu finden und zu schenken.

Sprechen Sie einfach dieses Mantra täglich und laut von Angesicht zu Angesicht mit Ihrem Spiegelbild.

7

ICH DRÜCKE
RAUS
WAS MICH BEDRÜCKT.

7. ICH DRÜCKE RAUS, WAS MICH BEDRÜCKT.

Katharsis. Reinigung. Lassen Sie uns dies mit einer weiteren Perspektive auf Ihre Scheiße näher beleuchten. Jeder hat sein Kreuz zu tragen, sagen wir in unserem Kulturkreis. Das belastet mich, sagen wir in der Umgangssprache. Mir ist so schwer ums Herz, sagen die poetisch Begabten. Ja, wer kennt sie nicht, die drückende Last des Alltags und des Sonntags?

Das Produzieren von Scheiße ist eine Notwendigkeit für Ihren Organismus, solange Sie Nahrung zu sich nehmen. Diesen Prozess des Produzierens nennen wir Verdauung. Aber auch all das andere, was Sie zu sich nehmen – an optischen, akustischen, aromatischen, taktilen Eindrücken, Erlebnissen und Erzählungen aus dem Alltag – müssen Sie verdauen. Mehr noch: Genau wie das Produkt Ihrer physischen Verdauung müssen Sie auch das Produkt Ihrer psychischen Verdauung ausscheiden. Aber beachten Sie: Sie sollen sich weder im einen noch im anderen Fall auskotzen. Sie sollen Scheiße von sich geben.

Wie Sie die drückende physische Last loswerden, wissen Sie. Wie Sie all diesen Ballast abwerfen können, erleben Sie – wenn Sie nicht unter Verstopfung leiden – täglich. Die drückende psychische Last aber müssen Sie lernen ebenso auszuscheiden: Genauso, wie Sie täglich Ihren Haufen Scheiße machen, sollten Sie auch täglich weitere Scheiße produzieren – malen Sie ein scheiß Bild, schreiben Sie ein scheiß Gedicht, komponieren Sie ein scheiß Lied. Sie werden merken: Das Kreuz der Last fällt von Ihren Schultern. Und: Solcher Art erleichtert sollten Sie auch bei der psychischen Scheiße daran denken, sie der Kanalisation zu übergeben. Nur so finden Sie wirklichen Frieden und spenden Sie Ihren Mitmenschen ebenfalls Frieden.

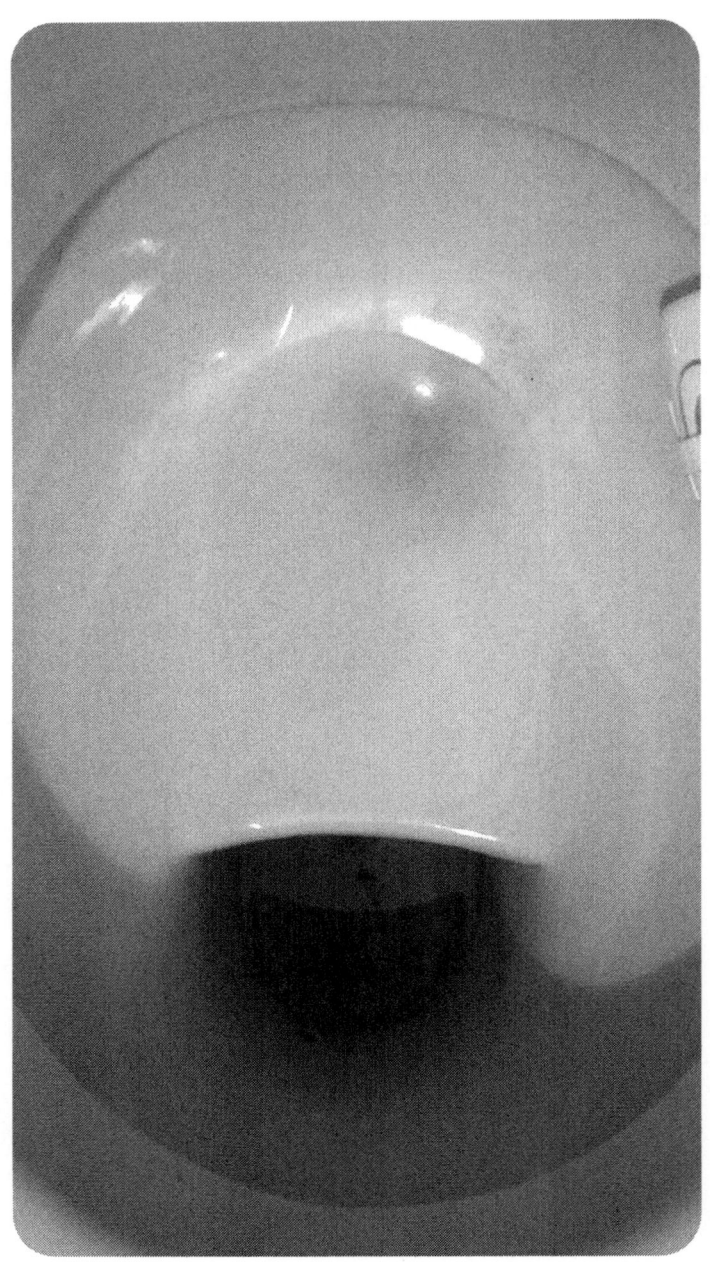

8

DIE EXPLOSIVE KRAFT DES SCHEISSENS HAT MICH BEFREIT.

8. DIE EXPLOSIVE KRAFT DES SCHEISSENS HAT MICH BEFREIT.

Ja, lassen Sie uns nun über die Menschen reden, die der Mühe voll und beladen sind, denen es wirklich schlecht geht. Lassen Sie uns über die Menschen reden, die der Verstopfung anheim gefallen sind und immer wieder fallen. Gerade diese Menschen müssen die explosive, befreiende Kraft des Scheißens entdecken.

Und wenn es Sie auch verwundert. Ballast muss man mit Ballast bekämpfen. Verstopfung mit Verstopfendem kurieren. Ja, Sie denken richtig, wenn Sie an die Zuführung von Ballaststoffen durch den Mund denken. Sie denken ebenfalls richtig, wenn Sie an die Aufnahme von Flüssigkeit in hohen Mengen denken.

Mit anderen Worten: Nahrung, die reich an Ballaststoffen ist, gibt Ihnen die Kraft zum Scheißen. Doch Vorsicht! Gerade Sie – als jemand der unter Verstopfung leidet – sollten sich bis zum Schluss richtig verhalten. Und das geht so:

Unterdrücken Sie den aufkommenden Drang nach Entleerung.

Genießen Sie das Arbeiten Ihres Darmes. Spüren Sie jeder Bewegung der inneren Windungen nach. Lauschen Sie auf den Rhythmus der

Kontraktionen. Genießen Sie den Druck, den es zu kontrollieren gilt. Halten Sie die ganze Scheiße so lange in Ihrem Innern, wie es eben geht ...

Dann machen Sie den Gang zum Stuhl. Entblößen Sie Ihr Hinterteil. Setzen Sie sich hin. Und lassen Sie los. Jetzt!

Das wird die Wende in Ihrem Leben!

Die Explosion, die in diesem Moment folgt, ist die Initiation in Ihr neues Leben als befreiter Mensch. Hören Sie den Einschlag der Massen, genießen Sie die Massage, die das Streufeuer der Spritzer Ihrem Gesäßmuskel zuteil werden lässt. Lauschen Sie dem immer leiser werdenden Echo der Unendlichkeit nach, das Ihre Kloschüssel nach der Explosion erfüllt. Der Geruch von ewigem Wandel, Werden und Vergehen steigt auf.

Ja, atmen Sie durch, genießen Sie den Duft der neuen Freiheit und den Gesang der initialen Explosion. Begrüßen Sie Ihre neu gewonnene Freiheit mit den Worten: „In der Not durft ich scheißen.

Die explosive Kraft des Scheißens hat mich befreit."

Scheißen macht frei.

9

**SCHEISSEN HAT
MICH LOSLASSEN
GELEHRT.
IN MIR WOHNT EIN
GESUNDER GEIST.**

9. SCHEISSEN HAT MICH LOSLASSEN GELEHRT. IN MIR WOHNT EIN GESUNDER GEIST.

Nun da Sie die explosive Kraft des Scheißens erfahren, an dem Duft der Freiheit gerochen haben – und hoffentlich Ihren Arsch ordentlich sauber gemacht haben –, sind Sie reif für eine weitere Erkenntnis.

Sie haben das Loslassen gelernt. Sie haben erfüllt, was als Prophezeiung in dem Wort Scheiße immer schon als Forderung vor Ihren Augen auftrat. Scheißen hatte im Althochdeutschen als schîten die Bedeutung von scheiden. Ja, Sie haben sich geschieden von allem, was Sie bedrückt hat.

Scheißen Sie fortan nicht mehr auf Ihre Sorgen, scheißen Sie sie einfach aus. Ja, das haben Sie gelernt. Ihre Verlustangst ist besiegt. Alles kann von Ihnen abfallen – wenn Sie sich nur hinsetzen und es entweichen lassen. Freilich nicht aus Ihrem Mund, diesem ungeschickten Tölpel, wenn es um das Rauslassen geht. Der Mund ist einfach nicht gemacht dafür, dass etwas hinauskommt. Er dient zur Nahrungseinfuhr.

Eines, liebe Leserin, lieber Leser, sei Ihnen nicht verschwiegen: Scheiden tut weh. Nicht in jedem Fall – aber oft. So sagt der Weise

42

Martin TAZL: „Zum Scheißen gehört eine Menge Leidenschaft. Eine Leidenschaft, die Leiden schafft: Hautrisse inklusive ...“

Lassen Sie es mich in aller Deutlichkeit sagen: Je größer Ihre Unfreiheit war, umso größer sind die Schmerzen, die den Abgang zur Freiheit begleiten. Denn je länger und tiefer Ihre Unfreiheit war, umso härter ist die ganze Scheiße und umso tiefer die Risse in Ihrem Schließmuskel. Risse, die sich symbolisch vereinen zu einem großen Riss zwischen Unfreiheit und Freiheit.

Genau das will uns die mündliche Überlieferung mit dem zutiefst wahren Satz mit auf den Weg geben: Vor der Freiheit habe Schiss!

ICH BIN 10 WAS ICH SCHEISSE.

10. ICH BIN WAS ICH SCHEISSE.

Diejenigen unter Ihnen, die lange lesend auf dem Topf der Freuden verbracht haben, werden sofort erkannt haben, dass es sich hierbei um ein abgewandeltes Zitat aus der pseudoesoterischen Literatur handelt. In dieser Art von Scheißbüchern wird uns immer wieder vermittelt: Du bist, was du isst. Ich aber sage euch: Diese Scheißbücher lügen. Der Mensch ist nicht, was er isst. Der Mensch ist, was er aus dem macht, was er isst. Der Mensch ist Scheiße.

Jeder Mensch steht deshalb an diesem Punkt des Buches vor der wesentlichen Entscheidung. Sie, genau Sie, stehen nun vor der wesentlichen Entscheidung Ihres Lebens. Die Frage lautet: In welcher Qualität wollen Sie scheißen? In welcher Qualität wollen Sie sein? Denn glauben Sie mir: Der Mensch ist, was er scheißt. Sie haben die Qualität Ihrer Scheiße. Sie haben den Machtanspruch Ihrer Scheiße – nicht mehr und nicht weniger. Sie haben die Friedfertigkeit Ihrer Scheiße. Scheißen Sie nicht wie ein Adler. Scheißen Sie nicht wie ein Falke. Scheißen Sie nicht wie eine dekadente (zu Recht als Luftratte bezeichnete) Straßentaube. Scheißen Sie wie eine Friedenstaube.

Scheißen Sie als Friedenstaube.

Sehen Sie sich doch mal um. Sehen Sie sich die Scheiße an, die Sie gemacht haben, und sagen Sie laut und deutlich: Das bin ich. Ich bin, was ich scheiße.

Wenn Sie das erkannt haben, gibt es nur eines: Die ständige Perfektionierung des Scheißens. Das permanente Arbeiten an noch besserer, wärmerer, aromatischerer Scheiße in bester Farbgebung und Konsistenz.

11

ICH BIN EIN

GUTER

GESCHÄFTS

MANN

(-FRAU):

ICH MACHE

TÄGLICH

MEIN

GESCHÄFT.

11. ICH BIN EIN GUTER GESCHÄFTSMANN (-FRAU): ICH MACHE TÄGLICH MEIN GESCHÄFT.

Wir alle kennen das Märchen vom Goldesel. Wir alle kennen die Sagen über die Alchimisten, die aus Scheiße Gold machen wollten. Wir alle haben daran geglaubt, als wir noch Kinder waren. Erst später hat man uns einzureden versucht, dass all dies gelogen sei.

Ich aber sage Ihnen: Sie müssen erneut umlernen. All dies ist nicht gelogen. Den Goldesel gab es wirklich. Und die Alchimisten haben es tatsächlich geschafft. Nur wenigen Eingeweihten ist das heute noch bekannt. Mit diesem Buch will ich es allen sagen: Auch Sie können aus Scheiße Gold machen.

Alle Zutaten, die Sie benötigen, haben Sie jetzt schon in der Hand oder besser in der Schüssel. Alles ist in Ihrer Scheiße. Aber die wesentlichste Zutat ist Ihr fester Glaube.

Blicken Sie auf Ihre Scheiße und erinnern Sie sich an die vorangegangenen Mantras. Sie haben gelernt, dass Sie der Architekt sind, der Künstler, der Wandler der Welt. Wer, wenn nicht Sie, sollte Scheiße in Gold verwandeln können?

Glauben Sie daran. Setzen Sie Ihre ganze Konzentration auf das, was

Ihr Verdauungsapparat produziert. Und es wird Gold.

Wie sonst ist es zu erklären, dass wir seit Generationen den Akt des Scheißens umschreiben mit „ein Geschäft machen"? Aber, liebe Leserin, lieber Leser, machen Sie nicht irgendein Geschäft, machen Sie ein gutes Geschäft. Machen Sie aus Scheiße Gold!

12 IM STILLEN
LIEGT DIE

12. IM STILLEN ÖRTCHEN LIEGT DIE KRAFT.

Darum wähle das Schweigen. Lausche deinen Scheißgeräuschen und lasse den Autor dieses Buches nicht durch den Widerhall des Trommelfeuers deiner Scheiße aus seiner wohlverdienten Ruhe erwachen und ein neues Buch schreiben.

Ja, lerne von deiner Scheiße auch dies: das Schweigen.

Denn noch nie hat Scheiße geredet. Also ist von Scheiße auch nie Scheiße zu hören gewesen. Auch hat Scheiße nie Scheiße hervorgebracht, sondern vielmehr wundervolle Blumen und Gräser, die wundervolle Tiere und Menschen ernährt haben.

Ja, die ganze Scheiße ist Vorbild einer kompletten, modernen Industrie – des Recyclings, das als stille Kraft für die dritte industrielle Revolution sorgen wird.

DIE HERAUSGEBER

MARTIN TAZL

E-Mail: tazl@tazl-inside.com

Website: www.tazl-inside.com

Tazl kommt aus Schimanski-City Duisburg. Als Kind schwang er
Zeichenstift und Pinsel und entschied sich nach der Schule für die
Werbung. Klassische Werbeagentur.
1996 Sprung in die Multimedia-Branche: Aufbauarbeit einer Start-up-
Agentur. Als Designer für Websites, CD-ROMs, Print-Produkte und
vieles mehr.
Nach zwei Jahren Art Director. Nach drei Jahren Creative Director
und Leitung der Kreativabteilung. Mitarbeit am Aufbau des europäi-
schen Agentur-Netzwerkes. Ende 2000 wechselte er die Agentur.
In den letzten Jahren hat sich sein Schwerpunkt als Creative Director
und Freelancer für verschiedene Agenturen auf die Kommunikation
im Internet verlagert.

Tazl ist zudem als Sänger und Komponist in verschiedenen Musik-
projekten tätig. Und er schreibt zurzeit an einem Roman über die
Multimedia-Branche („Stempeluhr Breakdown"), welcher im Jahre
2002 fertig gestellt wird.

Im Sommer 2001 hatte er die Idee zu einem Magazin über kreativen
Lifestyle: **„ORANGEFLOW"** war geboren und erscheint nun alle
zwei Monate.

Tazl ist Initiator und Herausgeber des **ORANGEFLOW** Magazins für kreativen Lifestyle. Downloadbar unter: **www.orangeflow.com**

Tazl ist käuflich.

Für Design-Projekte, Beratung, Online-Kommunikation, visuelle Strategien und Seminare, Workshops und Vorträge über Kreativität, Kommunikation und Design.

Wollen Sie mit Tazl zusammenarbeiten? Schicken Sie ihm einfach eine E-Mail: tazl@tazl-inside.com

Tazls umfangreiches Design-Portfolio und viele andere seiner Arbeiten finden Sie auf seiner Website:
www.tazl-inside.com

DIE HERAUSGEBER

OLAF A. FEIERFEIL

E-Mail: olaf@feierfeil.com

Website: www.feierfeil.com

Feierfeil erblickte den Kohlenstaub der Welt in Wanne-Eickel. Das Licht derselben ging ihm erst sechs Jahre später unter der Bettdecke auf – beim Lesen seines ersten Buches.

Gerade eingeschult wurde er auf die Bretter gestellt, die die Welt bedeuten. Reim und Rhythmus, Vers und Maß, sicherer Auftritt und guter Abgang wurden Teil seines Leben, die Begegnung mit der ersten Gitarre ein einschneidendes Erlebnis. Vor allem für die Fingerkuppen. Feierfeil schreibt erste Songs über Gott und die Welt. Zivildienst. Kabarett. Klassische Gitarre. Studium. Blues-Band "Vatermörder".

Für Zeitungen schreiben. Dada-Artrock-Kapelle "Dreck-Set". Jobs als Koch.

Feierfeil will mehr schreiben und geht in die Werbung.
5 Jahre Ogilvy & Mather Direkt in Frankfurt.
Zurück ins Ruhrbeat. In Düsseldorf arbeiten.
Hildmann, Simon, Rempen & Schmitz, dann Rempen & Partner, dann keine Lust mehr.

Ab in die weite Welt des freien Berufs.
In Bochum sitzen. Telefonieren und beraten.
Denken und schreiben.
Fühlen und schreiben. Leben und lieben ...

Zusammen mit dem Fotografen Thomas Brandt zeichnet Feierfeil für das seit April 2000 täglich aktualisierte Web-Kunst-Projekt *www.livingwebcam.de* verantwortlich.

Feierfeil ist käuflich.

Für strategische Beratung, Konzeption von Online- und Offline-Werbung sowie jede Art von Texten. Vorträge, Seminare und Workshops zu "Marketing" und "Texten für die Werbung" gehören ebenfalls zu seinem Repertoire.

Sie erreichen ihn ganz leicht über www.feierfeil.com.

Der Autor

Siegmund Christian Heisse, Jahrgang 1970, wurde als siebtes Kind eines Sanitäranlagen-Installateurs und einer Toilettenfrau am Arbeitsort seiner Mutter gezeugt und aufgezogen. Seine Kindheit beschreibt er als „alles andere als beschissen". Bereits im Alter von zwei Jahren hatte er mit Hilfe der am Arbeitsort seiner Mutter zurückgelassenen Zeitungen und Zeitschriften zu lesen gelernt. Wenig später lernte er den Charakter der Menschen anhand ihrer zurückgelassenen Scheiße zu beurteilen. Er erfuhr die heilende Kraft des richtigen Scheißens am eigenen Leib. Seine frühen Romane „Die Scheiße des Körpers des Kutschers", „Nänie auf den Apfel", „Ich möchte lieber nicht, sagte Barny B.", die Biografie „Ich kleines Scheißerchen" sowie seine späteren sozialpsychologischen Ausführungen „Angewandte Heilung von klinischer Scheißophrenie" und „Therapie von Massenhysterie durch Dixie-Klos" geben lebendiges Zeugnis davon. Sein bisher letztes Werk „Kraft zum Scheißen" fasst seine Erkenntnisse für ein breites Publikum in einfachen Worten zusammen. Das gegenwärtige Aufenthaltsörtchen von S. C. HEISSE ist nicht bekannt.

www.kraftzumscheissen.de